BIBLIOTHÈQUE
DES ÉCOLES ET DES FAMILLES

OBERLIN

PAR

Mme GUSTAVE DEMOULIN

LIVRE DE LECTURE A L'USAGE DES ÉCOLES
ET DE LA CLASSE PRÉPARATOIRE
des lycées et collèges

PARIS
LIBRAIRIE HACHETTE ET Cie
79, boulevard Saint-Germain, 79

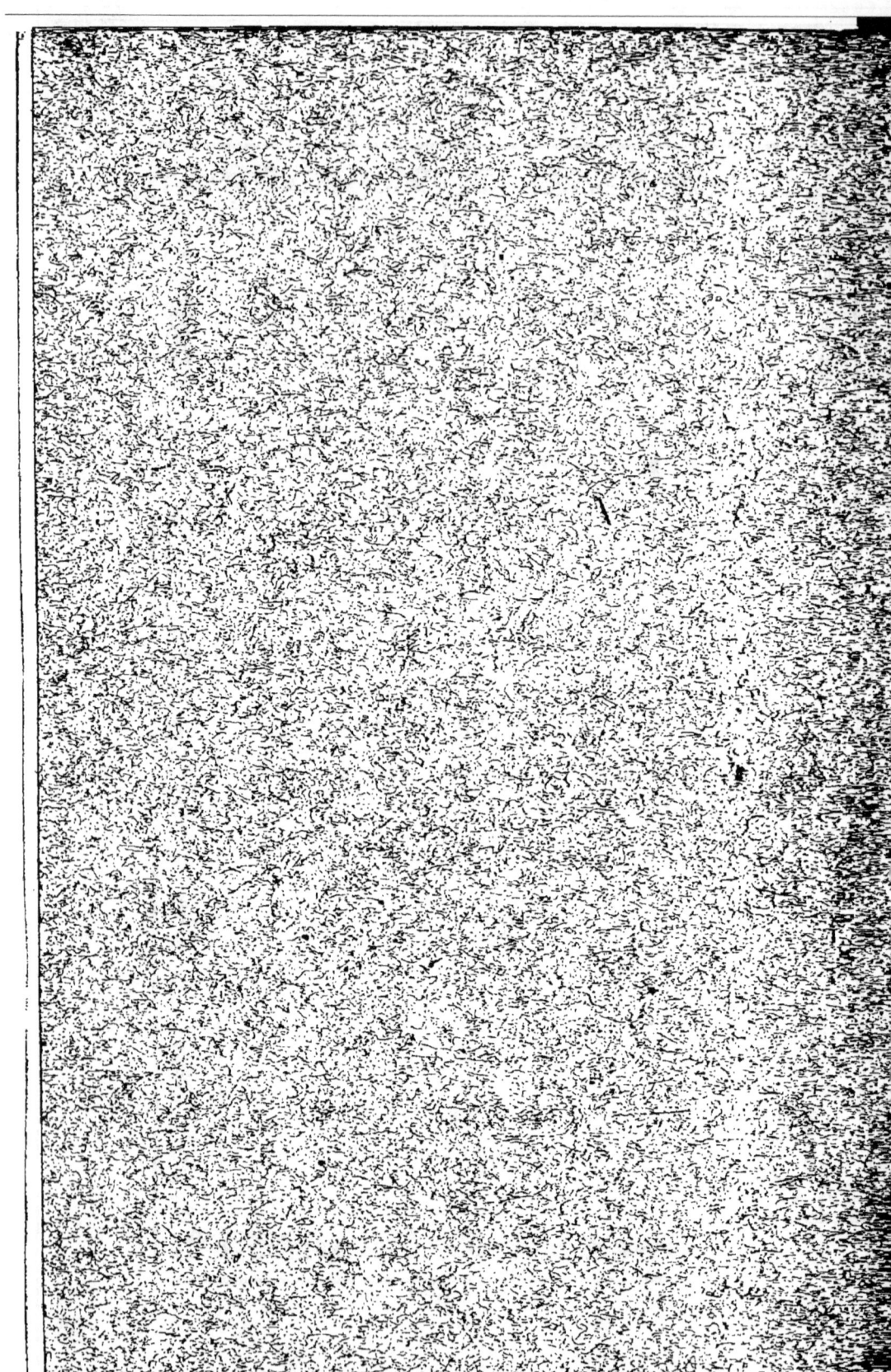

BIBLIOTHÈQUE
DES ÉCOLES ET DES FAMILLES

OBERLIN

PAR

Mme GUSTAVE DEMOULIN

PARIS
LIBRAIRIE HACHETTE ET Cie
79, Boulevard Saint-Germain, 79
1884

Droits de propriété et de traduction réservés

OBERLIN

OBERLIN

Le civilisateur du Ban-de-la-Roche naquit à Strasbourg, le 31 août 1740. Son père, d'un caractère élevé et vigoureusement trempé, était régent de grammaire au gymnase de Strasbourg. Sa mère, belle et vertueuse, intelligente et lettrée, était une femme d'une distinction native, d'une grande piété et d'une rare vertu. Ce ménage, si bien assorti, n'était pas favorisé de la fortune; les modestes émoluments du professeur constituaient le plus net du revenu. Cependant, grâce à la simplicité de leurs goûts, à la frugalité de leur vie, à leur ordre parfait, M. et Mme Oberlin trouvaient encore moyen d'exercer la charité. Et pourtant ils avaient à pourvoir aux dépenses nécessitées par l'entretien de sept garçons et de deux filles.

Oberlin raconte dans ses Mémoires qu'un « voisin entra dans la salle à manger de son père au moment où les neuf enfants, assis autour d'une table fort modestement servie, s'escrimaient à qui mieux mieux au pillage de leurs assiettes.

« Oh ! mon cher professeur, que je vous plains ! s'écria le visiteur.

— Et pourquoi cela, je vous prie ?

— Je vous vois là sept garçons pétillants de vivacité, et moi je n'en ai que deux, dont la désobéissance me tuera.

— Oh ! repartit le digne homme, les miens ne sont pas de cette trempe. N'est-ce pas, mes enfants, que vous aimez à obéir ?

— Oui, papa ; oui, cher papa, s'écrièrent des voix joyeuses.

— Voyez-vous, voisin, ajouta le brave père, en ôtant brusquement son bonnet et le jetant contre la porte, si la mort entrait pour m'enlever un de mes neuf enfants, je

VUE DE STRASBOURG

crierais : Hors d'ici, insolente ! qui donc t'a dit que j'en avais un de trop ? »

Les enfants se mirent à rire et vinrent embrasser leurs parents, qui se serraient la main dans une muette étreinte.

Le professeur, admirablement secondé par sa digne compagne, consacrait à l'éducation de sa petite famille tous les instants que lui laissaient ses fonctions. Le soir, on se réunissait autour de la vaste table de la salle à manger couverte de papiers, de crayons, de couleurs, et chacun s'ingéniait, selon ses capacités, à copier ou à enluminer des modèles dessinés par le père, tandis que la mère lisait à haute voix.

Le dimanche, pendant la belle saison, on s'en allait au village de Schiltigheim, où M. Oberlin possédait une petite propriété champêtre, qui se trouvait toujours pleine d'amis.

C'est là que le savant professeur se plaisait à divertir ses enfants et à leur faire faire l'exercice. Les bambins, alignés par rang de taille, coiffés de bonnets de papier, armés de sabres de bois, manœuvraient aux commandements de leur chef de peloton, qui tapait à tour de bras sur un vieux tambour. En avant, marche! Par file à gauche, gauche!

Et les petits pieds battaient la mesure au pas gymnastique et les fraîches joues se se coloraient, et tous respiraient la joie et la santé.

Le plus ardent de ces guerriers en herbe était le petit Fritz — nom enfantin de Frédéric — qui témoignait alors d'un goût prononcé pour la carrière militaire. Il n'avait pas de plus grand plaisir que d'assister aux manœuvres de la garnison. Les officiers l'avaient pris en affection et ne le rudoyaient jamais.

A la pétulance de son âge, Fritz joignait un esprit attentif, un cœur compatissant, une bonté ingénieuse. Chaque dimanche, il recevait, ainsi que ses frères et sœurs, une gratification de *deux liards* dont il pouvait librement disposer. Fritz, qui n'avait jamais besoin de rien pour lui-même, thésaurisait pour obéir aux instincts charitables de sa nature. On pourrait citer mille traits de sa précoce bienfaisance. En toute occasion, on le voyait se faire le champion des faibles et le défenseur des opprimés.

Le jeune Frédéric fit sous la direction de son père d'excellentes études au gymnase de Strasbourg et entra ensuite à l'université protestante, où il obtint, à vingt-trois ans, le diplôme de docteur en théologie.

Après sa consécration, se trouvant trop jeune pour exercer le ministère, il chercha le moyen d'affranchir sa famille des soins de son entretien, tout en se proposant d'affermir sa vocation. Il accepta une place de précepteur à Strasbourg, auprès des enfants du célèbre chirurgien Ziegenhagen. Il mit à profit son séjour dans cette maison pour se familiariser avec le maniement des principaux instruments de chirurgie et acquérir des connaissances médicales qui devaient lui être si utiles dans le cours de sa vie pastorale, à une époque où les médecins étaient rares même dans les villes.

En 1765, désireux de reconquérir sa liberté, Oberlin accepta un poste d'aumônier militaire dans un régiment français en garnison à Strasbourg.

Retiré le soir dans une mansarde pauvrement meublée, il poursuivait ses études en apprenant à se connaître lui-même. C'est dans ce modeste réduit qu'il reçut une visite qui décida de sa vocation.

Stuber, le vénérable pasteur qui avait entrepris de civiliser le Ban-de-la-Roche, était forcé, pour des raisons de santé, d'interrompre son œuvre. Il vint à Strasbourg pour y chercher un homme digne de continuer sa tâche. Ce qu'il apprit du zèle et des vertus d'Oberlin lui fit espérer qu'il trouverait en lui l'intelligent dévouement qu'il recherchait.

Mais, avant de poursuivre ce récit, il est nécessaire de faire connaître le pays qu'Oberlin devait transformer.

Le Ban-de-la-Roche est un canton montagneux du nord-est de la France, appartenant aux déclivités occidentales d'une montagne détachée des Vosges par une profonde vallée et située entre l'Alsace et la Lorraine.

Ce canton se distingue par des caractères tout particuliers. Il est encaissé par des montagnes couvertes de forêts, et partagé en deux par des hauteurs qui en sont pour ainsi dire l'épine dorsale. D'un côté est Rothau, l'ancien chef-lieu qui garde encore les traces d'un repaire féodal; de l'autre, Waldbach, avec les cinq villages et les trois hameaux qui en dépendent.

Le pays présente un aspect sévère et sauvage, offrant aux diverses altitudes les climats du midi, du centre et du nord. Pendant les longs mois d'hiver, des vents violents balayent la contrée ensevelie sous la neige; en été, des trombes d'eau et des orages terribles déchirent les gorges des montagnes, dévastent les vallées; en toute saison, des brouillards persistants semblent un voile tendu entre le ciel et la terre.

Au milieu du XVIII° siècle, le Ban-de-la-Roche souffrait encore des ravages des guerres, des pestes et des famines qui l'avaient assailli pendant cinq cents ans. Point de cultures, point d'industrie, point de commerce. Une centaine de familles, éparses dans l'isolement et l'abandon le plus complet, ne pouvaient communiquer avec leurs voisins les plus proches, faute de chemins pour circuler et d'une langue commune pour se comprendre.

Les rares habitants qui n'étaient pas morts à la peine végétaient dans le plus affreux dénûment, dans la plus profonde ignorance, dans la plus grossière superstition.

Ce petit peuple, aussi sauvage que le pays, séparé du reste des hommes, affaibli par le découragement, s'amoindrissait tous les jours et était sur le point de retourner à la barbarie. C'est alors que Stuber commença l'œuvre de sa régénération. Malheureusement ses forces le trahirent. Il fut contraint de chercher le vigoureux ouvrier qui pût continuer à enfoncer le coin qu'il avait si bien engagé. Le hasard le servit à souhait en lui faisant rencontrer Oberlin.

Quand Stuber entra chez Oberlin, il le trouva souffrant, étendu sur un petit lit de camp garni de rideaux de papier. Il plaisanta le jeune homme sur l'ingéniosité de ses tentures et, apercevant une marmite pendue au plafond et dans laquelle bouillait quelque chose, il demanda ce que signifiait cette suspension d'un nouveau genre. Était-ce une expérience de chimie en préparation ?

« C'est ma cuisine, répondit Oberlin en souriant. Je dîne tous les jours à midi chez mes parents, d'où je rapporte un morceau de pain dans ma poche. Vers huit heures, j'émiette mon pain dans cette marmite, j'y ajoute de l'eau, un peu de sel, et je place ma lampe en dessous. Mon

OBERLIN PRÉPARANT SON REPAS DU SOIR

souper cuit ainsi économiquement pendant que je travaille et, quand la faim me presse, je mange ma soupe, qui me paraît meilleure que les mets les plus délicats.

— Voilà du-Ban-de-la-Roche tout pur ! s'écria Stuber avec joie. Vous êtes bien l'homme que je cherche. »

Alors, dans un langage net, précis, sincère, il explique à Oberlin ce qu'il attend de lui. Il lui décrit la contrée, lui dépeint les habitants, plus sauvages, plus incultes que leurs terres désolées. Il lui expose la lutte, les dégoûts, les épreuves qui attendent son successeur, il lui raconte le peu qu'il a fait, lui montre l'étendue du bien qui reste à faire.

Loin de décourager Oberlin, ce récit enflamme ses instincts généreux, fait vibrer les cordes de son cœur et, plein d'enthousiasme, il s'écrie : « Je serai pasteur de Waldbach ! »

Le 1er avril 1767, Oberlin, âgé de vingt-sept ans, était promu à la cure de Waldbach. Quelque temps après il s'installait dans son presbytère, si l'on peut donner ce nom à une misérable cabane humide, mal close et malsaine, où les rats pullulaient, où les intempéries faisaient rage.

Oberlin s'aperçut vite que Stuber n'avait point chargé le tableau. En présence de tant de maux à soulager, de tant d'obstacles à surmonter, le nouveau pasteur comprit qu'il ne fallait pas seulement de l'abnégation et du dévouement, mais qu'il fallait encore, et surtout, de l'intelligence, de l'habileté, de la méthode. Sans doute il convenait de courir au plus pressé, en secourant la misère de ces pauvres gens que le manque de travail et de ressources affamait; il fallait d'abord les nourrir et les vêtir, mais il fallait aussi penser au lendemain et préparer à ces abandonnés un avenir meilleur.

Comme Stuber, il pensa que le moyen le plus sûr d'arriver au bien-être matériel, c'était d'améliorer l'état intellectuel et moral et il dirigea ses plus grands efforts vers l'instruction. Le mal de l'ignorance est en effet le pire de tous les maux, car il engendre les autres, et ceux qui en sont atteints ne veulent pas guérir.

Tout était à créer. Au lieu de commencer par reconstruire son misérable presbytère qui tombait en ruines, il acheta en face un terrain pour y bâtir une maison d'école. Bien que la dépense dût être soldée à l'aide d'un prêt fait en son nom, les habitants de Waldbach s'opposèrent d'abord à ce projet, sous prétexte qu'ils auraient un jour ou l'autre à leur charge l'entretien du bâtiment. Le brave pasteur dut s'engager, par un acte notarié, à supporter seul dans l'avenir les dépenses de l'école.

En dépit du mauvais vouloir des Ban-de-la-Rochois qui, à deux reprises, complotèrent d'assommer ou de noyer leur bienfaiteur, pour lui apprendre à ne point se mêler de leurs affaires, l'école eut des élèves et elle prospéra. Oberlin en profita pour provoquer dans les autres villages la création de semblables établissements.

La collecte est ouverte par une pauvre veuve qui apporte un don de vingt-quatre sous. Les autres habitants, qui ne possédaient pas un denier comptant, acceptent le système des corvées, et de tous côtés on charrie des matériaux à travers ce pays sans chemins. L'exemple est contagieux.

Grâce à quelques donateurs de Strasbourg, il y a bientôt des écoles à Belmont, à Bellefosse, à Sallbach, tout comme à Waldbach. Oberlin y installe de braves instituteurs, qui acceptent une si lourde charge piteusement rémunérée.

Restait à déterminer le programme et la méthode d'enseignement. Le programme prescrit dépasse celui que promettent à nos écoles primaires les progrès modernes. Il exige qu'on comprenne *ce qui se rapporte aux saisons et au temps; aux productions de la terre et aux animaux; aux hommes, à leur nourriture, à leur habillement, à leur logement; aux ouvriers et à leur salaire; à*

***

tout ce qui est propriété, donation, échange, héritage, argent, achats, emprunts, dettes, intérêts, familles, villages, procès et contestations; aux magistrats et au bien public.

Oberlin était d'avis que la culture intellectuelle peut être soumise à la méthode des assolements et que la richesse des produits dépend de leur variété. C'est pourquoi il prescrit l'enseignement de la musique, qui adoucit les cœurs et élève les sentiments, ainsi que l'enseignement du dessin et de la peinture, qui apprennent à regarder.

Les habitants ne connaissaient alors que leur affreux patois lorrain qui ne pouvait les mettre en communication avec aucun voisin, et ils étaient rebelles à l'étude du français qu'Oberlin voulait leur faire parler, sachant bien que c'était la seule manière d'achever la conquête de Louis XIV.

Après être restés jusqu'à l'âge de sept ou huit ans en état de vagabondage, les enfants ne se présentaient aux écoles que fort peu disposés à la discipline et aux leçons. Ils n'étaient guère aptes à profiter des bienfaits de l'instruction et de l'éducation. Cependant, grâce aux bonnes méthodes et au zèle des maîtres qu'Oberlin inspirait et stimulait, des résultats merveilleux furent obtenus. Le français et l'allemand s'enseignaient, à l'exclusion du patois, qui tendit à disparaître.

Si Oberlin défendit l'usage du patois dans les écoles, il s'empressa de l'apprendre pour son propre compte, afin de se mettre en rapport direct avec les parents. Il leur enseignait peu à peu quelques mots de français et leur faisait comprendre l'importance de l'éducation pour leurs enfants.

Pendant que les aînés allaient à l'école, les petits couraient les champs et les bois sans direction et sans soin, souvent victimes d'accidents et gardant la nature sauvage de leurs pères. Cet abandon de la première enfance était un grand souci pour Oberlin.

Il apprend un jour qu'une ancienne servante de Stuber réunissait les petits enfants du village de Belmont pour leur apprendre à tricoter et il en fait une institutrice de l'enfance. Ce premier essai, fait pourtant dans d'assez mauvaises conditions, réussit à souhait et Oberlin s'en inspira pour fonder l'*Œuvre des conductrices de la tendre enfance*. C'est ainsi qu'il appelle la modeste institution dans laquelle on peut voir le germe fécond des salles d'asile, qui devaient grandir, s'étendre et faire le tour du monde.

Oberlin trouvait dans sa femme une aide puissante. Elle s'était vite appliquée à le seconder dans l'œuvre de la régénération de cette peuplade dégradée. Elle tempérait la fougue de son zèle par sa prudence, elle rendait possible l'exécution de ses plans par des arrangements judicieux. Aussi est-ce avec sa participation qu'il forma des *conductrices* et qu'il les installa à ses frais dans chaque village.

Les petits enfants que leur âge ne permettait pas d'admettre à l'école étaient recueillis dans des chambres spacieuses, qui servaient aussi de préau l'hiver aux écoliers après leur sortie de classe.

Là on jouait en s'instruisant, on s'instruisait en jouant, sous la surveillance d'une humble femme qui enseignait docilement, consciencieusement ce qu'on lui avait enseigné. Elle faisait jouer les tout petits et apprenait aux plus grands à tricoter, à filer, à coudre, à faire du filet, à fabriquer des chapeaux de paille, à confectionner des vêtements. Elle montrait de belles images coloriées ayant rapport à l'histoire sainte, à l'histoire naturelle; elle les expliquait simplement et familièrement. Elle faisait des récits tout remplis de la morale chrétienne et qui devaient inspirer l'amour de Dieu, l'amour du bien, l'amour du prochain, le respect des parents et des pauvres. Elle racontait des histoires dont le but était d'inspirer l'horreur de la paresse, de la désobéissance, du mensonge, de la malpropreté, du désordre, enfin de tous les défauts, de tous les vices qui engendrent le mal.

Elle citait des traits de bienfaisance qui excitaient à l'amour de l'ordre, du travail, de la décence, de la politesse, de la véracité, de la charité. Le chant accompagnait le travail et le dessin venait encore aider à l'enseignement.

Quand les écoliers étaient admis après leurs classes chez les *conductrices*, ils trouvaient là papier, crayons, pinceaux, couleurs; ils pouvaient dessiner et enluminer des cartes.

L'été, la conductrice emmenait tout le jour ses élèves dans la campagne. C'est à l'ombre des bois, à l'abri des haies, qu'elle les faisait travailler. Elle enseignait le nom des arbres et des animaux, elle en faisait ressortir l'utilité. Elle expliquait les qualités, les propriétés, les usages domestiques des plantes qu'on rencontrait ; elle signalait celles qui sont utiles ou nuisibles; elle donnait sur l'agriculture et le jardinage les notions qu'elle avait reçues.

C'est surtout dans ces petites écoles maternelles que fut réformé l'affreux jargon du pays.

Parmi les conductrices qui ont contribué à la régénération de cette misérable population, il faut surtout citer Louise Scheppler, à qui l'Académie française décerna un prix de cinq mille francs, qu'elle consacra tout entier en bonnes œuvres.

Le plus grand mérite d'Oberlin n'était pas de dépenser tout son modeste revenu au profit de ses pauvres paroissiens. Ce qui lui a permis de sauver le Ban-de-la-Roche de la misère, du vice et de la superstition, c'est son amour du prochain, son activité intelligente, son énergique persévérance.

Il avait multiplié la puissance de sa bienfaisante action, en y faisant participer ceux qui en étaient l'objet; il leur avait appris à s'aimer, à se secourir les uns les autres. Les loisirs du dimanche étaient employés par les femmes à coudre, à tricoter pour les indigents. Les hommes s'occupaient à réparer la maison d'un nécessiteux, à labourer le champ d'un infirme ou d'un malade, à approvisionner de bois le bûcher d'un vieillard impotent. Noble et touchante solidarité qui mettait chaque dimanche en pratique cette belle maxime : « Le travail est une prière ».

En substituant l'usage de la langue française au jargon qui n'exprimait que des choses vulgaires, Oberlin élargissait le cercle des idées de ces pauvres paysans; il les initiait aux idées abstraites, aux idées morales. Ce n'est point par cela seulement qu'il entendait les faire rentrer dans la civilisation et il ne négligeait en rien le côté matériel. Il fit construire des routes qui amènent, avec l'aisance et le bien-être, des sentiments plus humains. Ce devait être une transformation complète.

L'hiver, les habitants de certains villages restaient plusieurs mois prisonniers dans leurs maisons, n'ayant d'autre nourriture que des pommes de terre, tout nouvellement introduites au Ban-de-la-Roche, et souvent même que des fruits et des racines sauvages.

Oberlin avait tracé, en imagination, un beau chemin vicinal qui, devant rejoindre la grande route de Strasbourg, permettrait l'exportation des produits du pays et l'importation des matériaux, des outils, des machines agricoles, qui faisaient absolument défaut. Mais qu'il y avait loin du projet à la réalisation! Il fallait combler des fondrières, fendre des rochers, établir des contreforts, bâtir des aqueducs, jeter un pont sur la Bruche, pour remplacer les troncs d'arbres posés au-dessus d'une gorge profonde. Ces difficultés ne rebutèrent point Oberlin. Il sait que l'exemple est le meilleur conseiller et il part la pioche sur l'épaule. Il commence tout seul à défricher, à déblayer, à terrasser. On rit d'abord, on l'imite ensuite et bientôt des escouades de travailleurs viennent se placer sous ses ordres. Ne négligeons pas, disait-il, l'aide la plus minime, l'effort le plus faible ; que pas un homme, pas une femme, pas un enfant ne passe auprès d'une fondrière sans y jeter sa pierre ; les petits moyens comme les petites économies rapportent gros avec le temps.

Il avait raison. La fondrière se trouva comblée, la route fut ouverte, les aqueducs furent construits, les eaux endiguées fertilisèrent le pays, la Bruche fut traversée sur un pont solide, qu'on baptisa du nom de *Pont de la Charité*.

Tous ces travaux furent exécutés sans le secours de l'administration, qui n'avait jamais tenu compte de ce misérable canton. Désormais il avait conquis sa place au sein de la patrie. Il était mis en rapport avec la France, à laquelle il n'appartenait que géographiquement et politiquement. Hélas! la funeste guerre de 1870-71 l'a donné à l'Allemagne.

Oberlin s'occupa ensuite d'assainir les habitations, espèces de huttes mal closes ou de grottes humides creusées dans le flanc de la montagne. Grâce à son impulsion, des chalets en bois couverts de chaume, où la propreté introduisit un luxe jusqu'alors inconnu, s'élevèrent sur les plateaux boisés, et des pompes à incendie furent placées dans chaque village, car l'eau ne manquait nulle part. Ce n'est qu'en 1787 qu'Oberlin dut à la générosité d'un ami riche un presbytère sain et confortable, où il installa aussitôt un petit muséum toujours accessible à tous.

Le sol du Ban-de-la-Roche n'est pas favorable à l'agriculture, et les habitants n'en avaient nul souci. C'était une raison de plus pour que le digne pasteur s'en préoccupât. Dès les premières leçons qu'ils recevaient des conductrices, les petits enfants entendaient parler de culture. Plus tard, les écoliers suivaient un cours d'agriculture où l'on apprenait que, la terre la plus ingrate pouvant s'amender par des engrais, *il ne faut jamais rien perdre.* On donnait des récompenses à ceux qui apportaient un boisseau de détritus de toutes sortes. La culture de la pomme de terre fut rendue plus productive, et les champs de trèfle fleurirent sur des sommets autrefois dénudés. Autour des habitations étaient des petits enclos remplis de plantes potagères. Quant aux arbres fruitiers, ils ne se propagèrent que lorsque Oberlin eut à la longue fait entrevoir les avantages de son verger, qui devint une pépinière où l'on venait s'approvisionner gratis. Le pasteur avait établi comme règle que tout enfant, pour être admis à la confirmation, devait lui présenter un certificat de ses parents, attestant qu'il avait planté au moins deux arbres fruitiers.

Grâce à ses efforts persistants, Oberlin augmenta d'un tiers la valeur des terres; il suppléa à l'insuffisance des lois ou à leur inexécution; il régla les questions de vaine pâture, d'expropriation pour cause d'utilité publique, payant toujours de ses propres deniers les parties qui se croyaient lésées.

Il améliora l'élevage des bestiaux, l'emploi des engrais, dessécha des marais, défricha des bois.

Il fonda dans ce pays, naguère inculte, une *Société d'agriculture*, dont les séances périodiques étaient très suivies et remplies par des ordres du jour intéressants. Une autre mesure qu'Oberlin considéra comme essentielle aux progrès de la civilisation fut l'introduction des métiers. Le Ban-de-la-Roche ne possédait pas un seul artisan. Pour réparer les chariots, les harnais, les instruments aratoires, il fallait aller à Strasbourg. Oberlin mit en apprentissage dans cette ville les garçons qui lui parurent avoir le plus d'aptitude pour telle ou telle profession et, en peu d'années, la paroisse eut des maçons, des menuisiers, des charpentiers, des charrons, des maréchaux ferrants, des peintres-vitriers, des tailleurs et des cordonniers. Il n'y avait encore, cela se conçoit, ni médecin, ni pharmacien.

Oberlin avait rédigé des instructions sur

les secours à administrer aux *asphyxiés*, aux *noyés*, aux *gelés*, et avait instruit plusieurs gardes-malades, qu'il expédiait, suivant les besoins. Mais ce n'était pas assez pour les cas de maladies graves ; il envoya donc à Strasbourg, pour y étudier la médecine, le plus intelligent et le plus dévoué de ses maîtres d'école.

Quand les Ban-de-la-Rochois, plus civilisés, parurent familiarisés avec le travail, l'industrie tenta de pénétrer chez eux, et un filateur vint s'établir dans le pays. Cette branche d'industrie y devint si productive, qu'en une seule année trente-deux mille francs de salaire furent payés aux ouvriers. L'argent circula donc dans un pays où la possession d'*un sou* était autrefois considérée comme une aubaine exceptionnelle.

L'activité bienfaisante d'Oberlin s'est étendue à tout, son influence s'est fait sentir dans les petites choses aussi bien que dans les grandes. Il s'est préoccupé autant des questions de bien-être matériel que des questions de religion et de haute moralité. Il a fondé des prix pour encourager les habitants à donner au premier étage de leurs maisons la même hauteur qu'au rez-de-chaussée ; pour les amener à substituer le transport par voiture au transport à dos de cheval.

Il créa des prix d'apprentissage destinés aux enfants qui apprendraient le métier de sellier, de maçon, de serrurier ; il accorda des récompenses à ceux qui entretenaient le mieux les chemins de leur commune, à ceux qui avaient la meilleure pépinière ; aux tisserands qui faisaient la toile la plus serrée, aux tricoteurs dont les bas étaient les plus longs et les mieux confectionnés.

Il créa une caisse d'amortissement des dettes et une caisse d'emprunt réglée par des statuts rigoureux. Non seulement la mendicité disparut en quelques années, mais l'esprit de charité était si bien répandu, qu'Oberlin obtenait de ses paroissiens naguère misérables des secours pour les établissements de bienfaisance des autres pays.

Sans doute il y avait dans les voies et moyens qu'Oberlin proposait pour la pratique du bien, quelque chose de naïf qui ne pouvait guère convenir qu'à cette population dont il avait formé l'esprit et élevé les sentiments; mais c'est là surtout que nous avons à apprécier son action. Nous citerons un exemple de sa crédule bonhomie en signalant le moyen qu'il proposait pour porter remède à la terrible crise financière des assignats. On trouve dans le procès-verbal de la séance du 19 frimaire an III, de la Convention nationale, une mention honorable et un renvoi au comité des finances, à propos d'une communication faite par des habitants du Ban-de-la-Roche, à l'instigation d'Oberlin. Il était exposé dans ce document que les habitants du Ban-de-la-Roche, trop pauvres pour déposer des dons sur l'autel de la Patrie, étaient convenus, sous la simple garantie de leur parole et de leur bonne foi, de perdre deux sous par assignat de cinq livres toutes les fois qu'il changerait de main, ce qui serait indiqué sur le dos de l'assignat. De sorte qu'un assignat serait annulé au profit de la nation dès qu'il aurait passé dans cinquante mains. Nous ignorons ce qu'a pensé le comité des finances auquel était envoyé ce mémoire de notre naïf pasteur, mais nous supposons bien qu'il n'a pas recommandé l'application de cette simple opération, plus patriotique que pratique. Ce qu'il faut encore dire, c'est que, voulant faire honneur aux dettes de la nation, ce bon patriote a continué jusqu'à la fin de ses jours à recevoir des assignats qui n'avaient plus cours depuis plusieurs années, en payement d'outils, d'ustensiles, de meubles, de livres, qu'il mettait parfois en adjudication.

Oberlin, pasteur sous tous les régimes, a dû, dans l'intérêt de son œuvre, obéir à certaines exigences; mais il est toujours resté libéral et patriote.

Son fils aîné, qu'il avait élevé dans ses principes, s'enrôla en 1792; il fut tué à la bataille de Bergzabern, en 1793.

Bien qu'Oberlin eût prêté serment à la République et donné des gages sérieux de son adhésion au principe égalitaire, il n'en fut pas moins déclaré suspect. Traduit devant le Conseil suprême d'Alsace, il fut non seulement acquitté, mais le tribunal jacobin rendit témoignage à ses vertus en exprimant le regret qu'un homme si utile eût été arraché, ne fut-ce qu'un instant, à ses travaux charitables.

La modestie et la simplicité chrétienne avec lesquelles Oberlin accomplissait son œuvre ne l'ont cependant pas laissé échapper à la renommée. En date du 16 fructidor an II, la Convention nationale décréta qu'une Mention honorable serait insérée au procès-verbal et au bulletin pour signaler les services rendus à la patrie par deux vénérables amis de l'humanité, Stuber et Oberlin.

En 1818, la Société royale et centrale

d'agriculture de Paris décerna à Oberlin la grande Médaille d'or qu'elle accordait tous les ans aux *amis de la charrue et aux bienfaiteurs de l'humanité.* Mais l'admiration publique méritée par ses bonnes œuvres ne le touchait pas autant que l'affection et l'estime qu'inspiraient ses vertus privées au cercle intime de ses amis et de ses paroissiens, qui ne l'appelaient pas autrement que *le cher Papa, le bon Papa.* Ces braves cœurs n'avaient pas trouvé de titre plus respectueux et plus tendre.

Jusqu'à quatre-vingt-six ans, Oberlin poursuivit sa mission de charité. La vieillesse, qui avait diminué ses forces et émoussé ses sens, ne lui avait rien enlevé de son courage. Ce beau vieillard, que n'avait pu courber l'âge, toujours correctement vêtu de noir, allait par les sentiers de Waldbach, gardant constamment sa dignité naturelle, tempérée par une douceur angélique. Il ne rencontrait pas un paysan sans le saluer avec autant de distinction que s'il eût eu affaire à un gentilhomme et sans lui adresser une parole de bienveillance ou de bon conseil.

Oberlin mourut à quatre-vingt-six ans, le 1er juin 1826. A ses funérailles assistèrent tous les habitants des huit villages qu'il avait civilisés, ainsi qu'une affluence considérable de personnes n'appartenant ni au pays ni au culte protestant ; le cortège se développait sur une longueur de trois kilomètres.

On grava sur sa tombe cette éloquente inscription :

IL FUT PENDANT CINQUANTE-NEUF ANS

LE PÈRE

DU BAN-DE-LA-ROCHE.

Imprimeries réunies, B, Puteaux

BIOGRAPHIES D'HOMMES ILLUSTRES

CHAQUE VOL. : Broché............ 15 c.
— Couverture en couleurs. 25 c.

Alexandre-le-Grand.
Ampère.
Arago.
Beethoven.
Buffon.
Cavour.
César (Jules).
Charles XII.
Christophe Colomb.
Cook.
Cuvier.
Dante.
Daubenton.
De l'Orme (Philib.).
Desaix.
Franklin.
Galilée.
Gama (Vasco de).
Goethe.
Goujon (Jean).
Gutenberg.
Kléber.
La Fontaine.
La Pérouse.
Lavoisier.
Livingstone.
Louvois.
Magellan.
Mahomet.
Michel-Ange.
Mirabeau.
Montyon.
Mozart.
Napoléon Ier.
Necker.
Oberlin.
Palissy (Bernard).
Papin.
Philippe de Girard.
Puget (Pierre).
Serres (Olivier de).
Solon.
Stephenson.
Washington.
Watt.

Imp. réunies, B

www.ingramcontent.com/pod-product-compliance
Lightning Source LLC
Chambersburg PA
CBHW070706050426
42451CB00008B/513